BLOOD+

Vampirvollrausch

Die junge Schülerin Saya lebt mit ihrer Adoptivfamilie auf der Pazifikinsel Okinawa und führt ein geregeltes, stilles Leben. Ihr einziges Problem ist, dass sie keinerlei Erinnerungen an Dinge besitzt, die länger als ein Jahr zurückliegen. Nachdem sie und ihr Bruder von vampirartigen Bestien angegriffen werden, eröffnet ihr ein mysteriöser Fremder, dass Saya die Einzige ist, die jene Wesen töten kann...

Empfohlen ab **16**

Blood +
Asuka Katsura
In fünf Bänden
abgeschlossen!

www.carlsenmanga.de

HALT!

Dieser Comic beginnt nicht auf dieser Seite.
MONSTER COLLECTION ist ein japanischer Comic.
Da in Japan von »hinten« nach »vorn« gelesen wird
und von rechts nach links, muss auch dieses Buch auf
der anderen Seite aufgeschlagen und von »hinten«
nach »vorn« geblättert werden. Auch die Bilder und
Sprechblasen werden von rechts oben nach links
unten gelesen – wie es die Grafik hier zeigt.
Wir wünschen ein
rasantes Lesevergnügen mit

MONSTER COLLECTION!

Mädchen
in all ihren Farben

Miman

Mädchen
in all ihren Farben

Inhalt

6

Das ist nicht echt

... das ist
nicht echt.

8

Schreck

Weißt
du ...

...

T
a
p
p

Ta
... ...

T
a
p
p

T
a
p
p

Ich hör
nichts
mehr.

Schon
wieder
weg.

Nichts.

Hm?

Was
wolltest
du eben
sagen?

In der
Schule mit
dir allein zu
sein ...

...

... ist
schwie-
rig.

Die Ge-
heimniskrä-
merei endet
ja mit mei-
nem Ab-
schluss.

Das
wollte ich
eben sa-
gen.

Haaah ...

10

Das ist ...

... ziemlich peinlich ...

Was ich da für ein Gesicht mache.

Nein, du bist süß, Mei.

»Du bist echt süß.«

Hi hi hi ...

Hi ...

Dodomm

Sag mal, wer ist denn das hier?

Gib's wieder ...

Wutsch

Von wann ist das Foto?

Von vor zwei Jahren.

Als sie ihren Abschluss gemacht hat, haben wir das gemacht.

Eine ...

... ehemalige Mitschülerin.

Oh, da warst du noch jünger.

Brauch ich nicht!

Ritsch

Krr

Ratsch

Immer wiederholt es sich.

Oh, nanu?

Ihr müsst heute noch mal her?

Immer endet es so.

Immer ist es so, dass wir nichts verlieren ...

Lang nicht gesehen.

Oh, Ito, du bist auch da.

Ich will so oft wie möglich noch mal herkommen.

Nein, aber ich hab ja nicht mehr lange.

... sondern dass wir beschließen, dass von Anfang an nichts war.

... Senpai**.

Ja, lange nicht gesehen ...

*höfliche, geschlechtsunabhängige Anrede

Lange nicht gesehen, Ito-san*.

*Anrede für ältere Schüler, Studien- und Arbeitskollegen

Und so beenden wir es dann.

Ich hab mich damals genauso verhalten wie du.

Aber ich bekam eine Abfuhr und es war vorbei.

All meine Gefühle waren nicht mehr echt.

Diese Überzeugung ist auch nicht echt.

... kein Stückchen traurig?

Macht dich das denn ...

Bist du nicht traurig?

Mädchen
in all ihren
Farben

*leichter Sommerkimono

... ist der Yukata* nicht doch zu kurz?

Du, Mama?

Sag mal ...

Jetzt geh schon, Non-chan wartet doch auf dich.

Du bist im letzten Jahr doch nicht gewachsen.

Nein, gar nicht. Er endet genau an den Knöcheln.

Bin ich wohl! Einen ganzen Zentimeter!

Non-chan hat ja auch gemeint, dass sie sich neu ausstattet.

... einen neuen Schirm und einen neuen Yukata.

Und vergiss deinen Schirm nicht!

Kanna!

Ja doch!

Klack—

...

Eigentlich wollte ich ...

In der Grundschule* ...

Warum hat für die ein Date Vorrang vor ihren Freundinnen?

So meinte ich das nicht!

Reich ich dir etwa nicht?

Wie gemein.

ﾟoﾟ

*ﾟntspricht unseren Klassen 1–6

... scheinen sich bei allen langsam die Prioritäten zu verschieben.

Aber jetzt in der Mittelschule** ...

... und mich dort mit meinen Freundinnen aus der Nachbarschaft zu amüsieren.

... hab ich mich immer darüber gefreut, im Yukata zum Sommerfest zu gehen ...

**ﾟntspricht unseren Klassen 7–9

Jetzt werd ich auch noch von Non-chan aufgezogen.

... weil du noch ein Kind bist.

Du verstehst es nur nicht ...

Und auch nicht, wie sie einem wichtiger sein kann als Freundschaft.

... aber ich versteh sie einfach nicht.

Es heißt zwar, Liebe gehört zum Jungsein dazu ...

37

Wer ist
für dich be-
sonders,
Kanna?

In wen
bist du
verliebt?

Meine
Jugend ...

Mädchen
in all ihren Farben

No...!

Non-chan?!

Wart...

Non-chan reißt sich nicht mehr zusammen.

Du bist so niedlich, Kanna.

Warum bist du so niedlich?

...

Meine Jugend checkt es nicht

Moch-test du ...

A... A... Aber wir sind hier in der Schule!!

... den Kuss nicht?

Sor-ry ...

Reiß dich mal ein bisschen zusammen!!

Du bist einfach so niedlich ...

Mädchen
in all ihren Farben

Yuka rennt immer ganz vorne.

Und ich ...

... renne immer hinter ihr her.

Die Distanz zwischen zwei Liebenden

Sie gibt den Laufsport nicht auf.

Und bis dahin ...

... gebe ich den Leichtath-letikklub nicht auf.

... wenn sie den Laufsport aufgibt.

Bestimmt wird sie mich be-achten ...

Mädchen
in all ihren Farben

Mädchen
in all ihren Farben

Ich dachte, in der Highschool* würde ein neuer Alltag auf mich warten.

Gott zum Gru-Be!

Gott zum Gru-Be!

Gott zum Gru-Be!

Gott zum Gru-Be!

Gott zum Gru-Be!

...

Gott zum Gruße, Kiritani-san.

*entspricht unseren Klassen 10–12

Einen Tag lang ein leeres Blat

*Lunchbox

Kiritani-san!

Hast du ein Obento*?

Läuft das hier etwa so?

Dann ist es ja gut.

Na ja ...

Magst du das Dach?

Im Klassenzimmer würd ich mich isoliert fühlen.

Na ja, meistens.

Isst du immer hier zu Mittag?

War das okay?

Du hast mir heute Morgen mit den Blumen geholfen.

... aber es war schon seit Längerem so.

Oh, du hast recht. Keine Ahnung, musst du die Klassenkanzlerin fragen.

Du ... ... warum ist die Blumenvase denn heute leer?

Aber sie ist gar nicht hier.

Bis eben war sie doch noch da.

Versprich mir, nicht zu lachen.

Als ich deine leere Kommentarspalte gesehen habe ...

... habe ich genau dasselbe gedacht.

Ich dachte, du würdest aufschreiben, was dir Spaß macht, aber du hast gar nichts hineingeschrieben.

Nein!

Aber das war doch eine Lüge.

m nächs-n Tag hast u mir doch irklich ge-holfen.

Darum habe ich etwas hineingeschrieben, das dir Spaß machen könnte.

Ich dachte, du hättest vielleicht keinen Spaß.

... gern komplett von Uesugi-san ausgefüllt werden.

Mädchen
in all ihren Farben

Mädchen
in all ihren Farben

Ich bin
in Honoka
verliebt.

Ein Geheimnis auf den Lippen

Aber das
ist ganz
allein mein
Geheimnis.

Honokas Lächeln hat etwas sehr Kindliches.

Wirklich?

Danke!

Oh ... Nicht so richtig um die Ecke, eher um drei oder vier ...

In welchem Laden hast du sie denn gefunden?

Sie schaut kein Fernsehen.

Sie kommt mit dem Verschluss von Getränkedosen nicht zurecht.

Ihre Lieblingsfarbe Dunkelblau.

Aber bei Kleidung und Schmuck bevorzugt sie helle Farben.

Und wenn sich die Person, die ich liebe, freut, bin ich glücklich.

All das liebe ich an Honoka.

Ihr geht oft zusammen heim.

Da dachte ich, dass ihr sicher schon lange befreundet seid.

Warum?

Wir kennen uns erst seit der Mittelschule.

Ich bin glücklich, wenn ich bei ihr sein kann.

Sagt mal ...

... wart ihr auf derselben Grundschule?

Weißt du ...

... ich bin glücklich, wenn jemand findet, dass wir besonders gut befreundet sind.

Hast du gehört?

Ja, natürlich.

114

Du bist meine Freundin Nummer eins, Mizuki.

Das sagt Honoka immer.

?

Okay.

Behalt das besser für dich.

... werde ich auch für immer geheim halten ...

Aber darum ...

Das macht mich glücklich.

... dass ich sie liebe.

...

Ich fühl
mich ...

Oh
Mann,
ey ...

... rich-
tig, richtig
mies ...

... aber ich
denk immer
nur an mich
selbst.

Honoka
sieht in mir
ihre Freun-
din ...

Honoka
ist so lieb.

Ich möchte
irgendwas ma-
chen, worüber
sie sich freut.

Das soll
sie aber
doch gar
nicht.

Haah
...

Ich hab
mich ge-
freut, dass
sie sich um
mich küm-
mert.

...

Ich will ihr Gesicht sehen, wenn sie sich freut.

Das ist okay, oder?

Freundinnen schenken sich doch ab und zu selbst gemachte Kekse.

Morgen!

Morgen, Honoka!

Oh ...

Den Korb ...

... hat sie von mir bekommen.

Das Mädchen, das gestern geweint hat ...

Dodomm
Dodomm

Sie hat mir ihre Liebe gestanden.

Als sie mir gesagt hat, dass sie mich liebt ...

... wusste ich nicht, wie ich reagieren soll.

Aus heiterem Himmel hat sie mir das gesagt.

Dabei kenne ich sie überhaupt nicht.

Nick

Sag's nie-
mandem
weiter.

»*Ich liebe dich, Ho-noka.*«

Mach das noch mal.

Das ist jetzt ...

... ein Ge-heimnis zwischen Honoka und mir.

Mädchen
in all ihren Farben

Mädchen
in all ihren Farben

Sie ist auch nicht komisch.

Dass sie's nicht böse meint, macht mir am meisten Angst.

Aber ich versteh schon, dass man sie für eine Meerjungfrau halten könnte.

Yoshizaki-san wirkt unnahbar.

Ihre Haare sind wunderschön.

Wenn sie lächelt, ist sie noch hübscher.

Bio-Labor

Oh, hier sind wir falsch.

Denkst du lieder an die Meerjung- frau?

Ja.

Ich geh jetzt zu ihr.

Nach dem Unter- richt.

Aber dann gehe ich immer zu ihr.

Yoshiza- ki-san ist weiterhin oft allein.

Hmmm ...

In der Mittags- pause.

Wir unter- halten uns ein- fach.

Das macht mich glücklich.

Hä?

Ich darf nicht?

Du, darf ich den Meerjungfrauenknochen ...

Oh!

So meinte ich das nicht.

... noch mal sehen?

Ich hab ihn nur grad nicht dabei.

Schüttel

Ding

Dong

Toyoda!

Gehst du nicht heim?

Oh.

Hab ich gar nicht gecheckt.

Ich geh heut mit Yoshizaki-san heim.

Oh!

Na, auch okay.

Bis dann, Toyoda!

Bis dann!

149

Bis dann, Meerjungfrau!

Das meint sie nicht so.

Sie macht sich damit nicht über dich ...

... lus- tig ...

Stech

Gehen wir zusammen heim.

Die Stufen sind schmal, also pass auf.

Ich hätte Angst davor haben müssen, dass uns jemand entdeckt.

Vielleicht lag es an Yoshizaki-sans Anwesenheit, dass das nicht der Fall war.

So sieht es hier also aus.

155

Den Meerjung-
frauenknochen
hat sie nur mir
gezeigt.

Unser Lehrer meinte, sie hätte wieder die Schule gewechselt.

Vom nächsten Tag an kam Yoshi-zaki-san nicht mehr zur Schule.

Yoshi-zaki-san, du warst es doch ...

... die gesagt hat: »Bis in alle Ewigkeit.«

Erina Yoshizaki kam plötzlich in dieses Städtchen ...

... und verschwand wieder, wie Meeresschaum.

Mädchen
in all ihren Farben

Mädchen
in all ihren Farben

Oh, tut mir lei...

Hä?!

Ich dachte, wir küssen uns jetzt.

...?

In deinem Zimmer können wir uns so viel küssen, wie wir wollen, und ...

Ich will endlich zu dir nach Hause.

Du magst es nicht, wenn du dabei gesehen werden könntest.

Schon gut.

Nein, äh, jetzt grad ist es ein bisschen

...

»Und« ...?

Ich freu mich auf die Abschlussfeier!

Muss los, hab noch Prüfungen!

Also, bis dann!

Hä ...?

Mei will einfach nur meinen Abschluss feiern ...

Ich irre mich! Ich muss mich irren!!

Ich irre mich!!

Nein, nein!!

Ich muss mich irren!

Aaaaaaaah!!

»Wir wollen doch deinen Abschluss feiern ...

... darum mache ich jetzt alles, was du willst.«

Mädchen
in all ihren Farben

Nachwort

Ich will daran glauben, dass auch andere darauf gewartet haben!

Ein Taschenbuch war schon immer mein Traum!

Dank der Unterstützung von euch allen konnte mein erstes Taschenbuch* erscheinen.

Vielen Dank!

Hallo zusammen! Ich bin Miman.

Jedenfalls bin ich überglücklich!

*bezieht sich auf die japanische Veröffentlichung (Anm. d. Red.)

Du verlässt die Schule?

Warum denn nur?!

Hirari!

Um genau zu sein ...

Sagen wir, es war alles etwas vertrackt.

Einige fragen sich vermutlich, warum das Taschenbuch nicht bei dem Verlag erscheint, in dessen Anthologie auch die Geschichten erschienen sind.

Danke für euer Vertrauen ...

... aber es geht leider wirklich nicht.

... erscheinen ...

Das geht leider nicht.

Aber wir Geschichten wollten doch irgendwann in einem Taschenbuch von dir ...

Es ist ... alles schon beschlossen.

Die Armen. Wie anmaßend kann man sein?

Ach ...

Die Geschichten da wollten ein Taschenbuch werden.

Hast du gehört?

Flüster
Flüster

Es tut mir schrecklich leid.

Da ich schon beschrieben habe, wie es zu diesem Buch gekommen ist …

… habe ich hier meine Gedanken zu den einzelnen Geschichten festgehalten.

Das Vorherige war das Nachwort aus der alten Version dieses Buchs.

Das hier ist das Nachwort der Perfect Edition!

Vielen Dank!

Hier ist noch mal Miman!

Nachwort

Das ist nicht echt

Das war meine erste Girls-Love-Geschichte, in der die Figuren eindeutig ein Paar waren. Aber das heißt noch lange nicht, dass alles eitel Sonnenschein ist. Hier geht es darum, dass man nicht unbedingt die gleiche Vorstellung von der Zukunft hat. Beim erneuten Lesen ist mir aufgefallen, wie tough Mei ist.

Hintergrundmusik:
Kazuya Yoshii – *Believe*

März 2013

Meine Jugend fängt nicht an

September 2016

Diese Kurzgeschichte erschien direkt vor dem Serienstart von *Café Liebe* in *Comic Yuri Hime*. Es sollte eine Geschichte sein für Leute, die mich noch nicht kennen. So nach dem Motto: »*Café Liebe* beginnt zwar sehr humorvoll, aber Miman hat auch solche poetischen Geschichten drauf.«

Hintergrundmusik:
Yuko Ando – *Koko ni nozomu oka*

Diese Geschichte erschien in der Anthologie *Hokago!**, darum lag der Fokus mehr auf dem Schulklub als auf der Liebe. Es geht darum, wie man eine erloschene Leidenschaft zurückgewinnt. Eigentlich hatte ich an einer ganz anderen Geschichte gearbeitet, kam da aber an einen toten Punkt. Dann hatte ich plötzlich einen Geistesblitz und bin überstürzt zu dieser Geschichte gewechselt, um sie wie im Flug zu zeichnen.

Hintergrundmusik: (keine Zeit)

Die Distanz zwischen zwei Liebenden

April 2014

*»Nach dem Unterricht«, ein Ableger von *Hirari*

176

Die letzte Geschichte, die ich analog getuscht habe. Hier geht es darum, dass man nicht aufgibt, auch wenn man sich nicht selbst findet. Übrigens, dass man meine Anwesenheit am Telefon verschwiegen hat, ist mir genau so passiert. Das ist so gemein. Die Idee mit der nur mit Wasser gefüllten Vase habe ich vom großen Teezeremonie-Meister Sen no Rikyu. Yuuri hatte mir davon erzählt.

Hintergrundmusik: (erinnere mich nicht)

Einen Tag lang ein leeres Blatt

August 2011

Ein Geheimnis auf den Lippen

März 2012

Ich zeichne oft Geschichten, in denen sich eine Figur nicht bewusst ist, dass sie verliebt ist, aber hier weiß es die Hauptfigur mal von Anfang an. Trotzdem ist nicht alles eitel Sonnenschein. Ich hatte beim Zeichnen die Hoffnung, dass irgendwann mehr daraus wird als nur einseitige Liebe.

Hintergrundmusik:
Yuko Ando – *Kimi ni mune kyun*

Yuuri hatte die Idee von einem Mädchen, das ein Plastikstück findet und es einer Mitschülerin zeigt mit der Behauptung, es wäre ein Meerjungfrauenknochen. Daraus entstand diese Geschichte. Vermutlich ist sie darum von der Atmosphäre her anders als die anderen Geschichten. Ich mag sie sehr gerne. Eine Geschichte darüber, wie man nach etwas sucht, von dem man nicht weiß, ob es wirklich existiert.

Hintergrundmusik: Yuko Ando – *TEXAS*

In diesem Städtchen gibt es keine Meerjungfrauen

September 2010

So, ich hoffe, wir sehen uns bald wieder!

Fyusch

2018

Miman

Special Thanx
Yuuri

In jeder Geschichte stecken viele Erinnerungen. Ich bin überglücklich, dass sie jetzt alle hier versammelt sind!

Ich greife oft auf Musik zurück, um mich inspirieren zu lassen und meine Vorstellungen von einer Geschichte im Kopf zu behalten. Sie läuft dann immer im Hintergrund. Yuko Andos Kompositionen passen gut zu Girls Love, sie hilft mir wirklich oft weiter.

Das waren die sechs Geschichten.

Mädchen
in all ihren Farben

Kommentar
der Autorin

Dieser Band beinhaltet sechs
Kurzgeschichten, die über einen
Zeitraum von fünf Jahren hinweg
entstanden sind. Außerdem ist eine
neue Geschichte dabei und das
Cover ist noch einmal überarbeitet
worden. Diese neue Version meiner
Kurzgeschichtensammlung ist eine
emotionale Erfahrung für mich.
Ich hoffe, sie gefällt euch.

Miman

TOKYOPOP GmbH
Hamburg

TOKYOPOP
1. Auflage, 2019
Deutsche Ausgabe/German Edition
©TOKYOPOP GmbH, Hamburg 2019
Aus dem Japanischen von Verena Maser

© 2018 Miman.
All rights reserved.
First published in Japan in 2018 by Ichijinsha Inc., Tokyo.
Publication rights for this German edition arranged
through Kodansha Ltd., Tokyo.

Redaktion: Natalie Wormsbecher
Lettering: Vibrant Publishing Studio
Herstellung: Rita Geers
Druck und buchbinderische Verarbeitung:
CPI–Clausen & Bosse GmbH, Leck
Printed in Germany

Wir achten auf die Umwelt.
Dieses Produkt besteht aus FSC®-zertifizierten
und anderen kontrollierten Materialien.

ISBN 978-3-8420-4616-0

Mädchen
in all ihren Farben

CAFÉ LIEBE

Miman

Mit Glanz und Glorie!

Als Hime mal wieder davon träumt, sich einen reichen Mann zu angeln, stürzt sie die Treppe hinab und bricht ihrer Mitschülerin Mai dabei den Arm. Zur Wiedergutmachung übernimmt sie für Mai eine Schicht im Café Liebe, einem Maid-Café mit dem Thema »deutsche Mädchenoberschule«. Dass dieser bizarre Ort ein Rätsel für sie ist, weiß Hime geschickt zu überspielen. Sie kann es kaum erwarten zu verschwinden, doch so schnell lassen sie die anderen Mädchen nicht gehen ...

www.tokyopop.de

AFTER HOURS
Yuhta Nishio

Unsere Nacht hat eben erst begonnen!

Irgendwann zwischen Mitternacht und Morgengrauen, unter
den tanzenden Reflexionen der Discokugel, lernt Emi in einem
Club die faszinierende Kei kennen. Sie lachen, trinken und tan-
zen zusammen und teilen sich wenig später ein Bett. Von Keis
leidenschaftlicher Art angezogen, öffnet sich für Emi eine un-
bekannte Welt, in der sie sich selbst neu entdeckt ...

www.tokyopop.de

MY BELOVED SAKI
Fumie Akuta

»Saki strahlt so hell. Sie ist einfach unglaublich schön ...«

Azusa bekommt eine jüngere Stiefschwester, nachdem ihre Mutter ein zweites Mal geheiratet hat. Zunächst verhält Saki sich Azusa gegenüber sehr abweisend, doch nach einer Weile gewöhnt sie sich an die neue Familienkonstellation. Sie beginnt, sich ihr zu öffnen. Diese und fünf weitere zarte Kurzgeschichten über Mädchen, die sich zum ersten Mal in ein anderes Mädchen verlieben und lernen, alle damit verbundenen Herausforderungen zu bewältigen ...

CITRUS
Saburouta

Neue Schule, neue Liebe?

Auf einer Mädchenschule ist es nicht leicht, eine neue Liebe zu finden, doch umso leichter, sich Ärger einzuhandeln. Das muss Yuzu
feststellen, als sie sich gleich an ihrem ersten Tag mit der strengen
und schönen Schülerratspräsidentin Mei anlegt. Und dann kommt
am Abend auch noch raus, dass Mei die Tochter ihres neuen Stief-
vaters ist und sie von nun an unter einem Dach leben sollen! Die
verführerische, geheimnisvolle Schönheit schlägt Yuzu schon bald
in ihren Bann ...

www.tokyopop.de

NETSUZOU TRAP – NTR

Naoko Kodama

Mit List verführt

Schülerin Yuma hat zum ersten Mal einen festen Freund, aber von Liebesdingen kaum eine Ahnung. Verunsichert, wie sie sich verhalten soll, holt sie sich Rat bei ihrer Freundin Hotaru. Die macht sich jedoch über Yumas Unerfahrenheit lustig und erteilt ihr auf ganz besondere Weise Nachhilfe in Sachen Liebe. Zwischen den beiden entspinnt sich ein Netz aus sinnlicher Neugier, Lust und Lügen, aus dem sich Yuma nur schwer befreien kann …

www.tokyopop.de

WELT OHNE FREIHEIT
Naoko Kodama

Ein Drama um Liebe und Hass zweier junger Frauen

Weil sie Meiko vor deren Klassenkameraden in Schutz genommen hat, werden Schülerin Leo und das ein Jahr jüngere Mädchen Freunde. Meiko fühlt sich sehr zu Leo hingezogen, doch als die ältere Freundin sie einmal nicht nach Hause begleiten kann, wird Meiko Opfer einer Vergewaltigung. Sie nutzt Leos Schuldgefühle aus und verlangt, dass diese ihr als »Sklavin« jeden Wunsch erfüllen soll ...

www.tokyopop.de

COCYTUS
Naoko Kodama

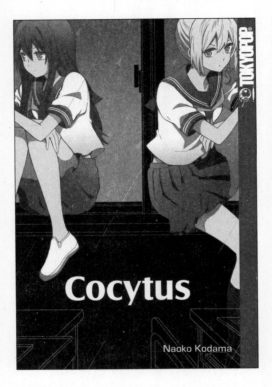

**Zwei romantische Kurzgeschichten über die Liebe
zur besten Freundin!**

Als Mineko neu in die Klasse kommt, fühlt sich Mitschülerin
Shiina zwar zu ihr hingezogen, möchte aber in der Klasse auch
nicht unangenehm auffallen. Denn der rechthaberischen Yo-
shida ist der Neuzugang sofort ein Dorn im Auge! Doch dann
gerät Mineko in die Schusslinie. Wie wird Shiina reagieren?

www.tokyopop.de

GELIEBTE MANGAKA

Naoko Kodama

»Einfach nur eine Mangaka und ihre Redakteurin sind wir wohl nicht«

Haruka darf als neue Redakteurin für ihr Idol Ritsu Kuroi arbeiten, doch schon beim ersten Treffen entpuppt sich die Mangaka als unscheinbares Mauerblümchen mit düsterem Charakter! Haruka ist völlig verwirrt angesichts des Kontrasts zwischen dem Werk, das sie selbst verändert hat, und dessen Autorin. Doch dann sieht sie, wie engagiert sich die unbeholfene Künstlerin für ihr Werk einsetzt, und entwickelt den Wunsch, ganz eng mit ihr zusammenzuarbeiten …

www.tokyopop.de

DER ZAUBER EINER MIR UNBEKANNTEN WELT

Moto Momono

Finde deinen Weg!

In Minatos Leben läuft alles perfekt: abgeschlossenes Studium, ein Job, ein Freund, der sie heiraten will. Doch nachdem sie eine Nacht mit ihrer Kollegin Maya verbracht hat, wird ihr klar, in welch engen Grenzen ihr Leben verläuft und wie selbstbestimmt Maya lebt. Minato beginnt zu zweifeln und fragt sich, ob sie wirklich ihre eigenen Wünsche und Bedürfnisse verfolgt ...

CONFIDENTIAL CONFESSIONS

Reiko Momochi

Selbstfindung in einer zerbrechlichen Welt

Auf dem Weg zum Erwachsenwerden lernen Reiko Momochis
Protagonistinnen die dunkelsten Schattenseiten des Lebens
kennen. Selbstzweifel, Gewalt, Unsicherheit und Einsamkeit
prägen ihren Alltag, ohne Aussicht auf Besserung. Um einen
Ausweg aus ihrer hoffnungslosen Situation zu finden, kämpfen
die jungen Frauen gegen ihre Peiniger – und nicht zuletzt auch
gegen sich selbst ...

www.tokyopop.de

LIEBE KENNT KEINE DEADLINE!
VERRÜCKT NACH EINEM MANGAKA

Kayoru

Verführerisch-freche Highschool-Lovestory à la Kayoru!

Ichika, hübsche Tochter aus reichem Hause, scheint das Sinnbild der perfekten Schülerin zu sein. Was jedoch kaum jemand weiß: Sie ist ein leidenschaftlicher Otaku und gibt sich in ihren Tagträumen schönen Mangahelden hin. In die Realität holt sie der Rowdy Subaru zurück, der sie nach einem Streit plötzlich verschleppt und sich kurz darauf als ihr Lieblingsmangaka vorstellt ...!

www.tokyopop.de